AF268274

PENSÉES

INQUIÉTUDES & RÉFLEXIONS

D'UN DÉLÉGUÉ

après son élection par le Conseil municipal de sa commune

Me voilà délégué par le Conseil municipal de ma commune et chargé par lui de choisir, parmi les habitants du département ou ailleurs, deux hommes qui seront délégués à leur tour pour représenter au Sénat les intérêts des Hautes-Pyrénées.

Je n'ai rien fait pour être nommé délégué. Je n'ai pas sollicité le mandat que l'on m'a confié, et je n'ai fait aucune démarche auprès d'aucun de mes collègues du Conseil municipal. S'ils m'ont nommé, ce n'est pas qu'ils aient cru que j'étais plus instruit qu'eux des choses de la politique, mais seulement parce que j'ai plus de loisirs qu'eux. Ils savent en outre que jamais je ne me laisserai ni intimider ni séduire, et que toujours je suivrai l'inspiration réfléchie de ma conscience.

Quelques mots d'explication ne seront peut-être pas de trop pour faire connaître la situation présente de notre commune.

Les choses ont bien changé dans notre village depuis tantôt cinq ans. Aujourd'hui, on aurait honte de solliciter les suffrages, et personne ne se hasarderait à le faire ; car, parmi nous, cela s'appelle *intriguer*. Chez nous on fait si peu de cas des intrigants, on a si bien compris combien peu ils valent, et combien ils sont dangereux, qu'il suffit pour un homme de quelque influence d'être connu pour tel, pour qu'il perde immédiatement tout crédit, toute considération et toute confiance. Tout le monde lui tourne le dos, et, quiconque se respecte, lui retire aussitôt son estime et s'éloigne de lui.

J'ai entendu dire que dans plusieurs endroits on achetait les votes, soit avec de l'argent, soit en donnant à boire et à manger aux gens, pour rien, soit en leur faisant des promesses. Chez nous, cela s'appelle *suborner,* et déshonore également celui qui achète et celui qui se vend.

On m'a dit encore avoir vu arracher des votes aux électeurs par la menace et l'intimidation. Tout cela semble bien difficile à croire et nous paraît impossible ; car parmi nous toutes ces choses sont considérées comme criminelles, comme des attentats contre la souveraineté de l'électeur.

Dans notre village, il ne pourrait plus y avoir rien de pareil, nous tenons trop à notre dignité d'hommes libres et de citoyens, nous nous respectons trop nous-mêmes pour descendre jusque-là, et nous sommes aussi éloignés de la bassesse que de la peur.

Aussi avons-nous envie de rire et ririons-nous volontiers, — s'il ne s'agissait de choses aussi sérieuses, — lorsqu'à propos d'élections, nous lisons ce que des hommes qui paraissent graves, et qui semblent faits comme tout le monde, osent écrire et publier dans ce qu'ils appellent des professions de foi.

J'ai l'honneur de solliciter vos suffrages, dit l'un ; après quoi il se met à vanter sa personne et ses talents comme font les charlatans de leurs emplâtres et de leurs onguents qui guérissent tous les maux. A l'entendre, il n'y a que lui qui soit capable de remplir dignement le mandat qu'il sollicite. Si on le nomme, la contrée deviendra bientôt, grâce à ses efforts, à son génie et aussi aux puissantes influences dont il dispose, une seconde édition du paradis terrestre.

« — Nommez-moi donc, dit-il en terminant, et vous aurez
« prouvé à vos femmes et à vos enfants que vous êtes
« réellement intelligents et soucieux de leur félicité future,
« car vous leur aurez montré que vous avez su choisir
« parmi tous ceux qui sollicitent vos suffrages, le manda-
« taire, le seul, entendez-vous bien ! qui soit capable de
« tenir toutes ses promesses ; le seul capable de remplir
« exactement et sans que rien y manque, tous les engage-
« ments que je prends aujourd'hui devant vous ! »

— Mais attends donc que l'on t'appelle !... Crois-tu donc que si ton mérite avait la valeur que tu lui donnes toi-même, les électeurs auraient assez peu de souci de leurs intérêts pour ne pas aller te chercher, toi, l'homme indispensable, toi, que personne ne peut remplacer ?... Et si tu as été utile à tes concitoyens, non selon ton appréciation seulement, mais selon la leur, — car ils sont tes juges, — crois-tu qu'ils méconnaîtront assez leur intérêt pour ne pas te mettre en même de leur être utile encore ?... Mais attends donc qu'ils t'appellent, car ce sont eux qui sont les maîtres et non toi !

Et qu'est-ce donc que *l'honneur de solliciter des suffrages ?*

Ne vois-tu pas que, comme le dit Boileau, ce sont des mots qui hurlent de se trouver accouplés ensemble ? Ne sens-tu pas que s'il est honorable d'être choisi par ses concitoyens pour remplir un mandat de confiance, il n'y a rien d'honorable à solliciter leurs suffrages, et que l'honneur est tué par cette sollicitation ? Ne comprends-tu pas que solliciter des suffrages, c'est mendier ? Ne vois-tu pas qu'en devenant solliciteur tu mets en évidence, non ton mérite, si tu en as, mais seulement ton appétit désordonné, ton outrecuidance et ta vanité ? Seras-tu assez aveugle pour ne pas voir que tu usurpes la place de l'électeur, ton maître ; que tu intervertis les rôles, que tu attentes à sa liberté d'initiative, et que tu l'offenses gravement, car tu le prends pour un niais ?

Il y a quelque part dans l'Evangile une leçon qui s'accommode très-bien à cette situation. C'est celle dans laquelle il conseille à celui qui est invité au festin par le maître de la maison, de prendre toujours la dernière place à la table. « Le maître, dit-il, s'apercevant que tu n'occupes
« pas la place que tu mérites, se lèvera, ira vers toi, et te
« prenant par la main, te fera asseoir à la place d'honneur ;
« tandis que si tu t'y assieds sans qu'il t'en ait prié, il
« enverra son serviteur qui t'en fera descendre et te relè-
« guera au bas-bout de la table, où tu iras te placer tout
« honteux et où tu seras probablement mal reçu. »

Profite de la leçon, ô candidat présomptueux proposé par toi-même, ou par ceux qui ne sont pas les maîtres de la maison.

Il y d'autres solliciteurs de suffrages dont la position est différente, et qui emploient pour se poser, un autre tour de phrase non moins singulier : « La façon si heureuse « dont j'ai rempli le mandat que déjà vous m'avez confié, « les services que je vous ai rendus, les réformes aux- « quelles j'ai participé, etc., vous sont un sûr garant de la « manière dont je remplirai le mandat que je sollicite « aujourd'hui, si vous me faites l'honneur de m'accorder « vos suffrages, etc. »

On comprend qu'une autre personne, qu'un tiers, parle ainsi d'un prétendant à la réélection : mais franchement, c'est bien fort lorsqu'on parle de soi-même. Celui qui l'ose ne fait toujours pas preuve de modestie.

On vous a confié un mandat, vous l'avez rempli de la façon la plus heureuse et la plus féconde pour ceux qui vous l'ont confié, c'est très-bien ; mais qu'avez-vous fait de plus que votre devoir ? Ne seriez-vous pas blâmable et ré- préhensible si vous aviez fait moins ? Ne seriez-vous pas coupable si vous eussiez fait moins, pouvant faire plus ?

Ne voyez-vous pas qu'en tenant un tel langage, vous vous imposez, et que si l'électeur a conscience de sa dignité, il repoussera votre prétention injuste, comme on repousse une tyrannie ? Vous perdez ainsi d'une fois tout le mérite de vos œuvres, vous vous posez comme un maître, tandis que vous n'êtes qu'un serviteur, et vous prétendez exiger ce qui ne vous est pas dû.

Telle serait notre manière de juger ce genre de patrons. Mais, revenons à nos moutons.

Malgré l'honneur qu'ont voulu me faire mes collègues et dont je les remercie, j'aimerais tout autant ne pas être délégué, car je suis fort embarrassé de mon mandat. Je comprends aujourd'hui qu'avec la meilleure volonté du monde on peut se tromper, et que se tromper dans le choix d'un homme aussi considérable que le sera un sénateur, est chose fort grave. Cette responsabilité me pèse et me donne de vives inquiétudes.

Quel malheur que l'on ne nous ait pas appris à l'école ce que c'est que l'élection, ce que c'est que le vote, les cham- bres, le gouvernement en un mot ! Combien il me serait plus facile aujourd'hui de faire ce qu'il faut sans craindre de me tromper, si on m'eût enseigné ces choses-là ? Mais jamais, à l'école, je n'en ai entendu dire un mot. Je n'en ai su pendant longtemps que ce que le hasard des conversations m'a permis d'en apprendre.

Savez-vous depuis quand j'en ai appris quelque chose ? C'est depuis l'envahissement de la France par les Prussiens ! Comme nous pouvions bien être aussi envahis à notre tour, je me dis qu'il fallait cependant chercher à savoir pourquoi et comment tout cela se faisait. Je me mis à lire les journaux, je me procurai quelques livres, et j'appris pendant ce temps si rude le peu que je sais de la politique et du gouvernement de notre pays.

La ruine et la honte de milliers de familles, les cinq milliards de rançon à payer à la Prusse, la perte de l'Alsace et de la Lorraine, nos armées prisonnières sans avoir combattu, m'apprirent combien il est difficile à une nation gouvernée par un homme qui la considère comme sa propriété, son patrimoine, sa chose, de se garantir de ses extravagances, et combien il lui en coûte pour avoir aliéné sa souveraineté, et confié à d'autres qu'à elle le soin de faire ses affaires.

Aujourd'hui, nous sommes revenus sur l'eau, nous sommes redevenus nos maîtres, et il ne dépend que de nous de le demeurer toujours. Nous n'avons pour cela qu'à choisir pour nous représenter dans la gestion de nos intérêts communs, des hommes loyaux, honnêtes, intègres et intelligents, qui surtout ne s'entendent jamais avec nos ennemis les monarchistes, pour nous imposer de nouveaux maîtres.

Ces gens-là nous ont exploités pendant si longtemps, ils nous ont fait recevoir tant de coups, que peu s'en est fallu que nous ne soyons restés sur la place ; et c'est presqu'un miracle que nous soyons encore debout, et qu'il nous reste encore une pièce de cent sous. Il y aurait folie à renouveler l'expérience d'où nous sommes sortis si maltraités, et tout nous engage à faire désormais nos affaires nous-mêmes. Nous ne risquons rien à l'essayer, car nous pouvons être certains d'une chose, c'est que si mal que nous fassions, nous ne pouvons faire plus mal, et qu'il nous serait bien difficile de faire aussi mal qu'eux.

Mais il ne suffit pas de vouloir faire bien pour bien faire ; il faut choisir deux délégués au Sénat, et les bien choisir. Voilà le difficile.

Si nous nommons des sénateurs monarchistes, ils voudront bien certainement nous imposer une Monarchie quelconque, et il nous convient de ne vouloir d'aucune. — Nous sommes payés pour savoir pourquoi — Nous ne devons pas nommer des hommes qui soient royalistes, si nous ne voulons pas de la Royauté.

Si nous ne voulons d'aucune Monarchie, nous ne pouvons vouloir que de la République, qui, elle, est bien le gouvernement du pays par le pays, de *tous* par *tous,* et non celui de *tous* par *un,* ce qui est bien différent.

Un de mes voisins, homme bien plus éclairé que moi sur ces matières, m'a expliqué d'une manière si claire les motifs qui doivent nous faire préférer la République à la Monarchie, que je crois devoir vous faire part de ce qu'il m'en a dit.

La République, me dit-il un jour, est bien la forme de gouvernement qui s'accorde le mieux avec nos mœurs. — Et comme je demeurais étonné de son dire, car je croyais tout le contraire, et que j'hésitais à me ranger à son avis : Nous n'avons, me dit-il, pour nous en convaincre, qu'à observer ce que nous faisons, et quelles sont nos habitudes.

Quelle est la forme de gouvernement qui, de nos jours, régit la famille ?

La famille, qui est la première alvéole de la ruche sociale, est gouvernée par celui que les membres qui la composent considèrent comme le plus éclairé, le plus sage, le plus prudent, le plus intelligent d'entre eux, par celui qu'ils jugent le plus capable de bien gouverner les intérêts communs. C'est la République.

Quel est le gouvernement de la commune ?

Les familles groupées en un seul lieu ont, en dehors de leurs intérêts particuliers, comme familles, des intérêts qui n'appartiennent en propre à aucune famille et qui sont communs à toutes ; c'est l'ensemble de ces intérêts communs qui forme ce que nous appelons la *commune.*

Autrefois, une seule famille privilégiée gouvernait toutes les autres, et même possédait tous les biens. La commune, telle qu'elle est aujourd'hui, n'existait pas. C'était le gouvernement de *tous* par *un,* et la possession de *tout* par *un.* C'était la commune selon la formule de la Royauté.

Aujourd'hui que, grâce à la République, tout le monde a le droit de posséder la terre, que chacun peut avoir son four et aller moudre son blé ailleurs qu'au moulin du seigneur, et qu'on ne voit plus apparaître à sa porte la sinistre figure du collecteur des dîmes ; aujourd'hui, que nous sommes tous égaux en droit civil et aussi en droit politique, — et la preuve, c'est que nous, paysans, que l'on appelait au bon vieux temps de la Royauté *la gent de rien,* nous allons élire les sénateurs, à nous tous seuls, si nous le voulons, envers et contre tous, si nous le voulons encore, — aujourd'hui, dis-je, la commune est autre chose que du temps de la Royauté.

L'égalité dans l'exercice du droit à la propriété, et de tous les autres droits ne peut plus permettre à aucune famille de s'imposer aux autres et de les dominer, pour peu que celles-ci sachent s'entendre. Toutes ayant un droit égal, toutes ont le même droit au gouvernement des intérêts communs aux familles.

C'est pourquoi tous les membres des familles remplissant les conditions exigées par la loi pour exercer le droit de gestion commune, sont appelés à choisir entre eux un nombre donné de personnes qui forment un corps appelé *Conseil municipal,* chargé de la gestion des intérêts communs.

Mais ce corps administrateur ne pourrait agir avec ensemble, si, comme dans la famille, un de ses membres n'était chargé de la direction. C'est pour cela que le conseil choisit dans son sein l'homme le plus capable de le diriger dans ses travaux, et c'est le *Maire.*

Mais le maire peut être malade ou empêché, il peut arriver encore, comme dans les villes, par exemple, que le nombre des intérêts à gouverner soit si grand, qu'une seule personne ne puisse y suffire ; c'est pour cela que le conseil lui donne un ou plusieurs aides ou suppléants, qui puissent l'aider ou le remplacer dans ses fonctions, et ce sont les *Adjoints.*

Voilà comment est organisée la commune de notre temps, et c'est encore la République.

Quel est le gouvernement du département?

Ainsi que nous avons vu les familles agglomérées et leurs intérêts communs former la commune, les intérêts communs aux communes groupées dans un certain rayon, ont formé ce que nous avons appelé le *Département*.

L'agglomération de notre contrée se compose de 481 communes, qui, réunies, ainsi que leurs intérêts, forment le département des Hautes-Pyrénées.

Afin de rendre plus facile l'administration régulière d'intérêts aussi considérables, il a fallu fractionner l'ensemble. On a alors divisé le département en 3 *Arrondissements*, et on l'a subdivisé ensuite en 26 *Cantons*. Mais ce fractionnement n'a atteint en rien le lien de solidarité qui unit les communes entre elles, et leurs intérêts sont demeurés aussi compacts que leur nature le comporte.

On a suivi pour la gestion de cet ordre d'intérêts communs, la même méthode que celle qui a été employée pour les intérêts communaux.

Les électeurs municipaux des communes de chaque canton nomment un délégué appelé *Conseiller général*, qui uni aux conseillers généraux des autres cantons, forment ce que nous appelons le *Conseil général*.

C'est ce conseil qui gouverne et gère les intérêts communs aux communes du département, et qui est appelé à toujours tenir en harmonie les intérêts qu'il gère, avec ceux des départements voisins.

Le conseil général est secondé dans sa tâche par un autre conseil appelé *Conseil d'arrondissement*, qui est élu de la même manière, et dont le rôle, moins effacé, pourrait donner d'excellents résultats.

Voilà comment est organisé le département. Nous voyons encore qu'il est organisé selon la formule républicaine.

Mais voici où commence le contre-sens et l'anomalie.

La famille, la commune, le département, étant organisés selon la même méthode, il semblerait tout naturel que le gouvernement des intérêts communs aux départements qui, dans leur ensemble, forment ce que nous appelons la *Nation,* fut copié sur le même modèle.

Puisque nous trouvons bon d'appliquer le système républicain au gouvernement de la famille, de la commune et du département, pourquoi n'appliquerions-nous pas le même système au gouvernement de la nation? Ce serait d'autant plus raisonnable que la nation ne peut exister qu'à la condition que la famille, la commune et le département existent auparavant.

La nation n'est que la conséquence de l'application de la loi de solidarité à chacun de ces trois premiers modes de groupement successifs, et qui existent les uns par les autres, comme la nation existe par eux. Ils sont les causes sans lesquelles le groupement supérieur ne pourrait exister et il procède ainsi que les deux autres de la première agglomération, la famille. Il n'y a aucune raison pour que le groupement supérieur ne soit gouverné par le même esprit que les trois autres, puisqu'il est appelé à régir les mêmes intérêts.

La forme républicaine est la seule qui permette d'appliquer à la nation la règle d'équité que nous avons trouvé bon d'appliquer à la famille, à la commune et au département. Nous sommes si bien habitués à voir les trois premiers ordres d'intérêts régis par l'idée républicaine, nous y tenons si bien, que nous ne pourrions accepter de les voir régis par un système monarchique quelconque ; car nous ne comprendrions plus que l'on put appliquer, dans ce cas, le principe si faux de l'hérédité dans les fonctions.

Que dirions-nous en effet si on nous proposait d'accepter le privilége que voudrait prendre une famille de fournir à perpétuité le maire de la commune, ou celui des familles des conseillers qui siégent dans ce moment, qui prétendraient imposer pour toujours leurs descendants à la commune comme conseillers municipaux ?

Personne ne le voudrait certainement, et on traiterait de fou celui qui oserait le proposer. C'est cependant ce que nous faisons pour le gouvernement de la nation, lorsque nous demandons un monarque, soit roi, soit empereur.

Avec la République, le système ne varie pas, et les quatre formes de l'intérêt commun, la famille, la commune, le département et la nation, sont régies de la même manière.

Les intérêts communs aux départements sont régis comme tous les autres, en vertu du même principe d'égalité en droit de tous les citoyens.

Les mêmes personnes qui ont élu les conseillers municipaux, les conseillers généraux et d'arrondissement, nomment des délégués chargés de représenter les intérêts communs aux départements.

Ces délégués se réunissent en assemblée et gèrent cet ordre d'intérêts.

La constitution du 25 février 1875 a divisé ainsi qu'il suit le rôle de cet ordre de représentants :

Il y a deux chambres, le Sénat et le Corps législatif, qui, d'un commun accord, prennent les mesures nécessaires à la meilleure gestion des intérêts communs à la nation entière.

Mais la nation est en contact avec les autres nations. Ce sont ces deux Chambres qui sont chargées également du soin de concilier les intérêts nationaux avec ceux des autres nations, d'éviter que celles-ci ne reçoivent aucun préjudice dans leurs intérêts par le fait de la nation que ces Chambres gouvernent, soit par tous, soit par une partie de ses concitoyens, et de tenir la main à ce que les autres nations aient des égards et des procédés réciproques vis-à-vis d'elle.

Mais ces Chambres ne peuvent elles-mêmes s'occuper de la mise à exécution des mesures qu'elles prennent. Il faut qu'elles aient à leur disposition et à leur service une personne chargée de leur exécution, quelqu'un qui fasse exécuter leurs ordres. C'est le chef de l'exécutif, que nous avons appelé le *Président de la République.*

Mais comme le Président de la République ne peut faire par lui-même tout ce qu'il faut pour administrer des intérêts aussi considérables et aussi compliqués que le sont ceux d'une nation, il a un *Ministère* qu'il choisit et qu'il préside.

Ne pouvant tout faire par lui-même, il ne peut répondre absolument de la bonne exécution de tout le service ; c'est pourquoi le Président est déclaré irresponsable des mesures

attribuées aux ministres, et que ceux-ci sont personnelle-
ment responsables de leurs actes devant les Chambres.

Avec la Royauté, il n'y a rien de tout cela. — Je ne
parlerai pas de la Royauté dite constitutionnelle, qui
n'est qu'une caricature de la Royauté ; mais seulement de
la Royauté vraie, de la Royauté réelle et sérieuse, de celle
qui, si elle est peu raisonnable, est du moins rationnelle.

Le Roy est le chef, le maître absolu à qui tout appartient, et pour la défense duquel on doit se trouver trop
heureux de verser son sang et de donner sa vie. Il est pour
la nation ce qu'était pour la famille le père de famille du
droit antique, pourvu du droit de vie et de mort sur ses
enfants. Le Roy peut tout, tout doit lui obéir ; il peut
même faire des miracles. Il n'y a pas bien longtemps
encore qu'il guérissait les écrouelles par la seule imposition
des mains.

Avec le Roy, le Sénat, le Corps législatif, les Conseils
généraux, d'arrondissement, municipaux, l'autorité du
chef de famille sont autant de contre-sens. Le Roy est
tout, et tout lui appartient. Devant son autorité, toutes les
autres disparaissent et ne sont rien.

Est-ce qu'à notre époque quelqu'un pourrait vouloir
d'un gouvernement pareil? Non, sans doute.

Et c'est pour ne pas tout perdre que nos monarques ont
accepté, quoique bien à contre-cœur, la transaction constitutionnelle. Cette transaction ne leur fait pas grand
honneur, car elle découvre en eux bien plus d'ambition
cupide et maladroite que de condescendance réelle, de
délicatesse et de dignité. En effet, s'ils ont accepté de n'avoir
de roi que le nom, ils n'ont pas été aussi larges vis-à-vis
de leur solde et des tours du bâton. C'est pourquoi l'on a
pu dire dans un langage tenu pour parlementaire, *le roi
règne et ne gouverne pas.* Drôles de rois, n'est-ce pas, et
aussi drôles de règnes?

Nous voyons donc bien que la République est dans nos
mœurs et dans nos habitudes personnelles, et que nous
n'avons qu'à nous louer de l'avoir appelée à régir nos
intérêts les plus immédiats ; tandis que la Royauté en est
si bien sortie, que nous ne comprendrions plus qu'on la
mêlat au gouvernement des intérêts que nous avons pris

l'habitude de gouverner selon la méthode républicaine. Si, par moment, la Royauté a encore gouverné les intérêts supérieurs, ceux qui constituent la nation, cette inconséquence, loin de prouver que les Français veulent de la Royauté, par exception, pour régir cet ordre d'intérêts, ne prouve que l'erreur et l'ignorance de la majorité d'entre eux.

Pour être conséquents avec nous-mêmes, il ne nous manque plus que d'appliquer au gouvernement de la nation la méthode qui nous a si bien servi dans tout le reste.

Vous êtes appelés par la Constitution à nommer les sénateurs. Certes, vous pouvez en être contents ; car outre que c'est vous, délégués des communes, qui les nommez, tandis qu'avant ils étaient nommés par le Roi ou l'Empereur, qui choisissait qui il voulait, ils nous coûteront beaucoup moins cher que les sénateurs impériaux ou royaux. Ceux de l'Empire nous coûtaient 30,000 francs chacun, tandis que ceux-ci ne nous coûteront que 10,000 francs, c'est trois pour un.

— Je vous remercie, dis-je au voisin, de la lumière que vous avez jetée dans mon esprit, et je vois aujourd'hui que si nous parvenons à bien gouverner la nation, ce ne sera jamais qu'avec la République. Mais ce n'est pas tout ; il nous faut nommer deux sénateurs : qui nommer, et comment s'entendre pour choisir quelqu'un qui convienne ?

— La grande difficulté, me dit le voisin, procède du manque de lumières ; il y en a peut-être parmi vous qui ne comprennent pas bien leur mission. S'ils comprenaient leur responsabilié, s'ils avaient conscience de la gravité de l'engagement qu'ils ont contracté en acceptant leur mandat, ils seraient fort empressés de s'instruire.

Vous avez tous, avec la volonté de bien faire, le gros bon sens, le sens commun, et cela suffit pour arriver à bien. Mais il faut vous entendre, et vous ne le pouvez sans vous réunir.

Dès à présent, vous êtes tous d'accord sur un point. Tous vous voulez l'ordre, la paix, la tranquillité ; tous vous détestez le désordre et les révolutions. Mais vous en prépareriez une dans un avenir prochain, si pour gouverner avec la forme républicaine vous ne choisissiez pas des républicains.

Vous ne devez pas oublier que la République est le gouvernement légal du pays, et qu'agir de manière à le renverser, ou à préparer son renversement, serait commettre un acte révolutionnaire.

Je suis bien persuadé qu'aucun des délégués n'est révolutionnaire, un fauteur de désordre, un factieux, un ennemi de son pays. Mais tous sont-ils suffisamment éclairés sur leurs véritables intérêts, sur la voie qu'il convient de suivre pour bien remplir le mandat qu'on lui a confié?

Si chacun d'eux ne l'était pas assez, l'ensemble des délégués l'est assez pour s'entendre et faire b'en. Mais chacun ne peut espérer tirer parti des lumières que possède cet ensemble, qu'à la condition de s'unir à lui, de discuter, de s'entendre sur ce qu'il convient de faire. Et c'est là surtout qu'est la difficulté ; mais je ne la crois pas insurmontable.

Vous ne pouvez penser à réunir, en un seul lieu, tous les délégués communaux. Mais il n'y aurait rien de difficile à en réunir un dixième au chef-lieu du département, ce qui ferait 40 pour la représentation communale.

Comment choisir ces 40 délégués ? 10 délégués appartenant à 10 communes voisines pourraient s'entendre pour nommer l'un d'eux, lui donner leurs instructions et le charger de les représenter à la réunion du chef-lieu, qui se trouverait être ainsi un véritable comité électoral dont l'utilité et la raison d'être ne sauraient être contestables.

40 délégués communaux constitueraient ainsi le comité électoral qui choisirait les candidats à élire.

Certes, si vous le vouliez, vous, campagnards, vous pourriez élire les deux sénateurs selon votre gré ; mais vous êtes trop prudents et trop amis de la justice pour abuser de votre position.

Il y a dans notre département, comme dans tout autre, deux ordres d'intérêts qui, sans être essentiellement opposés les uns aux autres, ne sont cependant pas les mêmes. Les différences qui les séparent émanent surtout de la différence des milieux.

Ce sont les intérêts des villes et les intérêts des campagnes.

Les habitants des villes connaissent aussi peu les intérêts, les aspirations et les besoins du paysan, que le paysan connaît peu les leurs.

Ces deux ordres d'intérêts sont aussi respectables l'un que l'autre ; mais, pour bien faire, chacun d'eux devrait être représenté par quelqu'un qui les connût bien.

Un habitant des villes pourrait représenter avantageusement les intérêts des villes.

Un paysan serait dans le même cas par rapport aux intérêts des campagnes.

Les campagnards porteraient leurs voix sur le candidat des villes, et les délégués des villes les porteraient à leur tour sur le candidat des campagnes.

— Ce serait, dis-je au voisin, la première fois qu'un paysan se trouverait représenter ce genre d'intérêts, et cela paraîtra peut-être étrange.

— Ce serait, cependant tout naturel, me dit-il, et rien ne serait plus raisonnable que de voir le paysan, qui est le maître de la situation, nommer un des siens pour représenter ses intérêts.

Cela lui est aisé pour l'élection sénatoriale, à cause du petit nombre d'électeurs qu'il serait sans doute facile de mettre d'accord sur l'importance qu'il y aurait pour eux à nommer un des leurs au Sénat.

Ils pourraient en outre donner un exemple qui aurait une grande valeur morale et atteindrait profondément les manœuvres peu avouables auxquelles a été exposée l'élection jusqu'à présent.

Au lieu d'attendre que quelqu'un sollicite le mandat de sénateur, ils devraient le choisir eux-mêmes et lui offrir ce mandat comme un devoir à remplir, une charge à accepter. En agissant ainsi, ils seraient certains de n'avoir pas affaire à un intrigant ; et le sénateur serait aussi digne d'eux, qu'eux le seraient de lui. L'élu accepterait ainsi un mandat qu'on lui imposerait comme un service à rendre à ses concitoyens ; il ne saurait refuser de leur être utile, sous peine de manquer à ses devoirs envers eux. L'électeur et l'élu demeureraient ainsi dignes l'un de l'autre, car il ne pourrait y avoir entre eux aucun compromis inavouable.

— Cela est très-bien, dis-je au voisin, mais qui prendrons-nous ?

— Nous avons déjà vu, me dit-il, que si vous ne voulez pas de la révolution, vous ne devez pas prendre un monarchiste ; qu'il soit royaliste pur, ou légitimiste, ou royaliste constitutionnel, ou impérialiste, c'est tout un, et ils ne conviennent pas plus les uns que les autres. Si vous tenez à la paix et à la tranquillité, si vous ne voulez plus être exposés à être jetés dans des aventures qui pourraient être plus désastreuses encore que celles dans lesquelles l'Empire nous a engagés, votre choix ne peut être douteux ; vous choisirez des hommes prudents et sages, qui aient rompu avec des traditions qui ne sont plus de notre temps, et qui soient de leur temps. Or, il n'y a qu'une seule formule politique pour les hommes de cette valeur ; c'est la République. Vous choisirez donc des républicains.

Comme délégués, votre position est au-dessus de toute atteinte, et il n'est aucun pouvoir qui puisse vous influencer, car, dans l'exercice de vos fonctions, dans l'accomplissement de votre mandat, vous les dominez tous, et vous ne relevez que de votre conscience. Portés d'abord par vos concitoyens au Conseil municipal de votre commune, vous reçûtes alors d'eux un mandat de confiance qui vous honore ; choisis aujourd'hui par vos collègues et chargés par eux de contribuer à la réalisation de leurs vœux, par l'envoi au Sénat de deux hommes capables de comprendre les aspirations du pays et de travailler à sa prospérité, le but unique de vos préoccupations et de vos efforts doit être de vous acquitter de votre mission de manière à ce que votre conscience ne vous adresse aucun reproche.

Vous ne pourriez accomplir dignement votre mandat si vous ne demeuriez libres. La pression que vous accepteriez vous déshonorerait à vos propres yeux, car vous manqueriez à vos engagements. Appelés à occuper un poste, vous n'avez ni le droit de l'abandonner, ni celui de le céder à qui que ce soit.

Tels sont les conseils et les instructions que me donna mon voisin. Tout ce qu'il me dit me semble très-bon, et je serais bien aise de le voir appliquer. Sa combinaison, pour la formation du comité, me semble bonne aussi. Je suis persuadé que cette manière de faire, en nous permettant de nous entendre, produirait les meilleurs résultats.

Visker, le 19 janvier 1876.

E. CARRET,

MAIRE DE VISKER.

Tarbes. — Typ. et lith. Larrieu.